TEXT UND FOTOS VON
MARIE LAFORÊT

„Käse" vegan

25 Spezialitäten aus pflanzlicher „Milch" selbst gemacht

LEOPOLD STOCKER VERLAG
GRAZ – STUTTGART

Umschlaggestaltung: Werbeagentur Rypka GmbH, A-8143 Dobl/Graz

Titel der französischen Originalausgabe: Fromages vegan, © Éditions La Plage, Paris, 2014; Text und Fotos (inkl. Cover-Vorder- und Rückseite) von **Marie Laforêt**

Aus dem Französischen übertragen von Mag. Claudia Binder

Der Inhalt dieses Buches wurde von der Übersetzerin und vom Verlag nach bestem Wissen überprüft; eine Garantie kann jedoch nicht übernommen werden. Die juristische Haftung ist daher ausgeschlossen.

Bibliografische Information der Deutschen Nationalbibliothek
Die Deutsche Nationalbibliothek verzeichnet diese Publikation in der Deutschen Nationalbibliografie; detaillierte bibliografische Daten sind im Internet über http://dnb.d-nb.de abrufbar.

Hinweis:
Dieses Buch wurde auf chlorfrei gebleichtem Papier gedruckt. Die zum Schutz vor Verschmutzung verwendete Einschweißfolie ist aus Polyethylen chlor- und schwefelfrei hergestellt. Diese umweltfreundliche Folie verhält sich grundwasserneutral, ist voll recyclingfähig und verbrennt in Müllverbrennungsanlagen völlig ungiftig.

Auf Wunsch senden wir Ihnen gerne kostenlos unser Verlagsverzeichnis zu:
Leopold Stocker Verlag GmbH
Hofgasse 5/Postfach 438
A-8011 Graz
Tel.: +43 (0)316/82 16 36
Fax: +43 (0)316/83 56 12
E-Mail: stocker-verlag@stocker-verlag.com
www.stocker-verlag.com

ISBN 978-3-7020-1532-9

Layout und Repro: Werbeagentur Rypka GmbH,
A-8143 Dobl/Graz, Unterberg 58–60, www.rypka.at
Druck und Bindung: Christian Theiss GmbH, 9431 St. Stefan
Printed in AUSTRIA

INHALTSVERZEICHNIS

EINLEITUNG

Käse ohne Milchprodukte – was für eine verrückte Idee! Ist das wirklich möglich? Schmeckt das überhaupt gut? Und warum will man trotzdem Käse essen, wenn man eigentlich auf Milchprodukte in seiner Ernährung verzichtet? Die Vorstellung, „Käse“ aus rein pflanzlichen Zutaten herzustellen, macht neugierig, wirft Fragen auf und eröffnet schließlich die Diskussion um den Konsum von Milchprodukten.
Eine vegane Lebensweise, Laktoseunverträglichkeit oder -allergie, der Wunsch nach einer gesünderen Ernährung oder die Neugier, unbekanntes kulinarisches Terrain zu beschreiten – all das sind Gründe für das ständig wachsende Interesse an veganem „Käse“.
Nachdem ich für mein Buch „Vegan“ bereits 20 vegane „Käserezepte“ entwickelt hatte, hat mich die Idee gepackt, ein Buch herauszubringen, das ausschließlich dem veganen „Käse“ gewidmet ist. Um neue Rezepte zu entwickeln, habe ich mich noch stärker in dieses spannende Thema vertieft.
Das vorliegende Buch ist nun das Ergebnis meiner weiterführenden Überlegungen und Experimente. Neben klassischen Rezepten für vegane Alternativen der am öftesten in der Küche verwendeten Käse (Mozzarella, Ricotta, Feta, Cheddar, Frischkäse ...), gibt es unter den 25 außergewöhnlichen und für manche wirklich verblüffenden veganen „Käserezepten“ auch persönlichere Kreationen zu entdecken.

Hinweis

Es ist uns bewusst, dass die Bezeichnung „Käse“ (oder auch Joghurt, Quark etc.) für jegliche Produkte, die nicht aus tierischer Milch hergestellt sind, der Lebensmittelkennzeichnungsverordnung der EU widerspricht. Diese EU-Verordnung bezieht sich aber ausschließlich auf in Verkehr gebrachte Produkte. Im Fall dieses Buchs handelt es sich jedoch nicht um Produkte, die in Verkehr gebracht oder vermarktet werden, sondern um Rezepte. Daher kommt die strenge EU-Richtlinie hier nicht zur Anwendung. Wir wollen an dieser Stelle ausdrücklich darauf hinweisen, dass die Ergebnisse der vorliegenden Rezepte nicht mit Käse aus Tiermilch gleichzusetzen sind. Sie sind jedoch als pflanzliche Alternativen zu tierischen Käsen gedacht, sodass es nicht in unserem Sinne wäre, dafür ein eigenes Vokabular zu erfinden, das außerdem die Verständlichkeit der Rezepte erschweren würde. Aus diesem Grund haben wir uns entschieden, den Begriff „Käse“ – und in der Folge aufgrund der leichteren Lesbarkeit ohne Anführungszeichen – in diesem Buch zu verwenden.

DIE WELT DER VEGANEN „KÄSE"

Zum Wort „Käse"

In der Antike wurde Käse mit dem lateinischen Begriff *caseus formaticus* bezeichnet, was so viel bedeutet wie „geronnene und in Form gebrachte Milch". Der deutschen Bezeichnung Käse liegt vordergründig der erste Teil des Wortes, *caseus* – „geronnene Milch", zugrunde. Auch andere Sprachen leiten ihr Wort für Käse vom lateinischen *caseus* ab: cheese, queso, kaas, queijo. Kasein (franz. *caséine*, engl. *casein*), die Bezeichnung für das Milchprotein, geht ebenfalls auf das lateinische Wort *caseus* zurück. Im Gegensatz dazu entstanden in der französischen Sprache das Wort *fromage* bzw. altfranzösisch *formage* oder auch das italienische *formaggio* aus dem lateinischen *formaticus* – „der in eine Form gebracht wird".

Aber ist es überhaupt korrekt, ein Produkt als „Käse" zu bezeichnen, das gar keine Milch enthält? Geht es nach der Europäischen Union, ist es nicht korrekt. Die Bezeichnung eignet sich jedoch perfekt, um auch diese neuartigen „Käse" zu beschreiben, denn es werden bei der Produktion die gleichen Techniken der Gerinnung, Fermentation oder Reifung eingesetzt, wie bei der Herstellung von klassischem Käse aus Tiermilch.

Vegane Käse sollen keine Nachahmung, keine schlechte Kopie und keine Fälschung traditioneller Käse sein. Ganz im Gegenteil, es handelt sich um vollwertige, eigenständige kulinarische Kreationen, deren Ziel es ist, im Rahmen einer ethisch korrekten Lebensweise, die die Ausbeutung von Tieren ablehnt, oder einer Ernährung ohne Milcheiweiß, Käse aus Tiermilch zu ersetzen. Und aus geschmacklicher Hinsicht handelt es sich einfach um andere Käse mit anderem Geschmack und anderen Texturen.

Vegane Käse – industriell und handgemacht

Vegane Käse liegen im Trend. In den letzten Jahren sind unzählige neue Sorten von verschiedenen Herstellern auf dem Markt aufgetaucht. Aber unterscheiden sich die verschiedenen, im Supermarkt erhältlichen, veganen Käse genauso voneinander wie die Käse aus Tiermilch? Ja und noch einmal ja, denn gleich wie bei Käse aus Tiermilch findet man auch bei veganem Käse industrielle und handgemachte Produkte. Die meisten Käse, die im Supermarkt oder im Internet zu kaufen sind, sind vakuumverpackte industrielle Käse. Sie weisen sehr unterschiedliche Qualitäten, Texturen und Geschmacksrichtungen auf und haben den Vorteil, dass sie unkompliziert zu transportieren, relativ billig und sehr vielfältig sind. So findet man unterschiedliche Mozzarellasorten, Cheddar, geriebene Käse oder Pizzakäse, Käsesaucen, aber auch wirklich außergewöhnliche Produkte, die keine bekannten Käse zum Vorbild haben. Die Nachteile? Viele enthalten Palmöl, sind nicht unbedingt biologisch und nicht alle sind geschmacklich eine Offenbarung. Und findet man auch Mozzarella oder industrielle Käse in Scheiben, die geschmacklich überzeugen, sucht man doch vergeblich nach würzigen Varianten oder Frischkäse. Eine Alternative stellen Käse auf der Basis fermentierten Tofus dar, die zwar im deutschsprachigen Raum schwer erhältlich sind, aber auch selbst erzeugt werden können (ein Rezept für fermentierten Tofu findet sich auf Seite 41).

Seit einigen Jahren ist mit dem Aufstreben neuer Firmen, die handgemachte fermentierte und sogar gereifte Käse herstellen, eine kleine Revolution in Bezug auf vegane Käse im Gange. In den USA findet man Marken wie *Kite Hill* oder *Tree Line Cheese*, aber auch *Dr. Cow*, deren Käse in einem kleinen veganen Käseladen in Brooklyn erhältlich sind. Und Miyoko Schinner, Autorin des berühmten Buches *Artisan Vegan Cheese**, hat bereits eine Firma gegründet, die ihre handgemachten Käse in den USA vertreibt (www.miyokoskitchen.com). Für die nächste große Innovation, die die Entwicklung der veganen Käse, die gerade erst in den Anfängen steckt, durcheinanderbringt, könnte das Projekt *Real Vegan Cheese* sorgen. Ziel des von kalifornischen Forschern gestarteten Projekts ist es, veganes Milcheiweiß aus Bäckerhefe herzustellen, um so eine neue Art „echte“ pflanzliche „Milch“ zu produzieren, aus der mit den gleichen Techniken wie aus Tiermilch Käse gemacht werden kann. Mit wachsendem Know-how und steigender Nachfrage werden die veganen Käse also so schnell nicht von der Bildfläche verschwinden.

Einige genauere Erklärungen zu hausgemachten veganen Käsen

Hausgemachte vegane Käse unterscheiden sich sehr stark von jenen, die im Handel zu finden sind. Zu Hause können Reifungsprozesse erfolgen, die mehr Zeit in Anspruch nehmen. Doch sind dabei absolute Hygiene und vor allem präzise Temperaturen und Feuchtigkeitsbedingungen notwendig, um eine 100%ige Lebensmittelsicherheit und konstante Ergebnisse garantieren zu können. Aus diesem Grund werden Sie in diesem Buch keine Rezepte für Käse finden, die über mehrere Wochen an der Luft reifen müssen. Ich bevorzuge einfache und schnelle Rezepte für die Herstellung hausgemachter veganer Käse.

Wenn man mit pflanzlichen Produkten arbeitet, kann man interessante Geschmackserlebnisse kreieren und Texturen erzielen, die jenen tierischer Milchprodukte sehr nahe kommen. Es ist von Vorteil, vegane Käse als *andere* Käse zu sehen und nicht als Nachahmung, die mit dem Original verglichen wird. Trotzdem werden Sie merken, dass die ersten Rezepte in diesem Buch gerade „Mozzarella“, „Ricotta“ oder sogar „Cheddar“ heißen. Das Ziel dieses Kapitels ist es, Alternativen zu den sehr oft in der Küche verwendeten Käsesorten anzubieten, um die tierischen Varianten zu ersetzen. Diese Käse werden sehr oft mit anderen Zutaten verarbeitet oder zum Kochen verwendet und eher selten einfach so gegessen (auch wenn sie pur, so wie sie sind, sehr gut schmecken … aber überzeugen Sie sich selbst!).

*Artisan Vegan Cheese, Miyoko Schinner, Book Publishing Company, 2012
(dt. Veganer Käse, Unimedica, 2015)

DIE GRUNDZUTATEN

Hülsenfrüchte und Ölfrüchte sind die Basiszutaten der veganen Käse. Sie erlauben die Herstellung unterschiedlicher Texturen und erweisen sich als extrem vielseitig. Ihr relativ neutraler Geschmack kann als Grundlage für verschiedenste Geschmacksrichtungen dienen.

Soja

Sojadrink ist der einzige vegane Drink, der zur Gerinnung gebracht werden kann. Diese spezielle Eigenschaft des Sojadrinks kann man sich zunutze machen, um veganen Frischkäse wie Ricotta herzustellen. Auch Tofu wird durch Dicklegen des Sojadrinks mittels Essig, Zitronensaft oder Nigari hergestellt. Tofu ist also alleine schon fast ein veganer Käse. Tofu und Seidentofu sorgen für eine interessante, mehr oder weniger feste oder weiche Konsistenz. Sojajoghurts, die Milchfermente enthalten, sorgen, genauso wie fermentierter Tofu, für den leicht säuerlichen Geschmack, der typisch für fermentierte Produkte ist.
Und auch Tempeh, ein Produkt aus fermentierten Sojabohnen mit leicht bitterem Geschmack, ist eine Alternative zur Herstellung veganer Käse mit intensiverem Aroma.

Andere Hülsenfrüchte

Auch andere Hülsenfrüchte kommen bei der Herstellung veganer Käse zum Einsatz. Sie sind reich an Proteinen und dienen als mögliche Grundlage für Käse mit unterschiedlichster Konsistenz. Ein Lebensmittel, das ich besonders seines Geschmacks willen schätze, der an Frischkäse, oder besser noch an Feta, erinnert, sind Lupinen. Man findet in Salzlake eingelegte Lupinenkerne offen, nach Gewicht beim Olivenhändler oder im Supermarkt in Gläser abgefüllt bei den Produkten aus aller Welt.

Ungeröstete Cashewkerne

Ungeröstete Cashewkerne sind auf keinen Fall durch geröstete, gesalzene Cashewkerne ersetzbar. Durch Einweichen und Pürieren mit Wasser lassen sich geschälte Cashewkerne zu einer dicken Creme verarbeiten. Aus dieser Basis, die man auch fermentieren kann, können unterschiedliche Käse kreiert werden.
Cashewmus mit seinem milden und leicht käsigen Geschmack ist eine wertvolle Fettquelle (sehr wichtig bei der Käseherstellung) und lässt sich auch ganz leicht unter eine Sauce mischen.

Andere Ölfrüchte

Geschälte Mandeln, eingeweicht und püriert, können wie Cashewkerne verwendet werden. Die Konsistenz ist weniger cremig und eher körnig, erweist sich aber als sehr gut zur Käseherstellung geeignet, z. B. zur Zubereitung kleiner veganer „Ziegenkäse", die im Rohr gebacken werden.
Sesammus mit seinem intensiveren Geschmack kommt ebenfalls oft in der Herstellung selbst gemachter veganer Käse zum Einsatz.
Es gibt auch Käse auf der Basis roher Macadamianüsse, aber aufgrund des enorm hohen Preises und der mangelnden Verfügbarkeit dieser Nüsse im Handel habe ich es vorgezogen, sie in den Rezepten in diesem Buch nicht zu verwenden.

TEXTURIERUNGS-MITTEL

Die verschiedenen Texturierungsmittel ermöglichen alleine oder in Kombination mit anderen Zutaten, Käse mit unterschiedlichen Festigkeitsgraden und Texturen von „butterweich" bis „fest" herzustellen. Sie müssen jeweils auf eine bestimmte Temperatur erhitzt werden, damit sie ihre Wirkung entfalten können und der fertige Käse muss außerdem fast immer eine gewisse Zeit im Kühlen rasten, damit er die gewünschte Festigkeit erreicht. Daher kommen texturgebende Mittel in Frischkäse-Rezepten oder schnellen Rezepten eher selten zum Einsatz.

Agar-Agar

Agar-Agar wird aus Algen mit gelbildenden Eigenschaften hergestellt. Es wird verwendet, um eine Masse zu festigen und, je nach verwendeter Menge, um halbfeste Käseblöcke oder sehr weiche Käse wie Mozzarella herzustellen. Die einzige Regel, die es zu beachten gilt: Die Masse muss auf eine Temperatur von über 80 °C erhitzt werden, damit das Agar-Agar seine gelbildende Eigenschaft entwickelt und geliert, wenn die Masse abkühlt. Mehrere Stunden Wartezeit sind notwendig, damit der Käse nach dem Kochen die gewünschte Konsistenz annimmt. Man findet Agar-Agar – meist in Pulverform und zur leichteren Dosierung in kleinen Säckchen abgepackt – in allen Bioläden.

Neutrales Kokosöl

Diesem biologischen Kokosöl wurde der Geschmack (und Geruch) der Kokosnuss entzogen, es besitzt aber dennoch die gleichen Eigenschaften wie ein natürliches Kokosöl und wird daher bei Temperaturen unter 25 °C fest. Dank dieser Fähigkeit eignet es sich als Fettstoff für Käse, der schnittfest, aber trotzdem von zart schmelzender Konsistenz ist. Kokosöl muss im Wasserbad erwärmt werden, damit es sich ohne Probleme mit den anderen Zutaten verbindet. Der fertige Käse muss unbedingt für einige Zeit kühl gestellt werden.

Stärke und Mehl

Tapiocamehl, Mais-, Kartoffel- oder Pfeilwurzelstärke dienen dazu, eine Käsemasse zu binden und vor allem dickzulegen. Die eindickende Wirkung ist nicht bei allen

Stärke- oder Mehlsorten (im Falle von Tapioca) die gleiche. Wie bei der Verwendung von Agar-Agar muss auch bei der Verwendung von Stärke bzw. Mehl die Masse einige Minuten unter Rühren erwärmt werden, damit sie gleichmäßig eindickt. Im Falle flüssigerer Käse wie Schmelzkäse oder der Käsesauce für Nachos kann es notwendig sein, den Käse vor dem Genuss kurz erneut mit dem Stabmixer aufzumixen, wenn er beim Erkalten zu fest geworden ist. Wenn die Kochzeit etwas zu lang war und der Käse zu stark eingedickt ist, kann man unter Rühren mit dem Schneebesen oder dem Stabmixer ein wenig Flüssigkeit zugeben (Wasser, pflanzlicher Drink …), um wieder die gewünschte Konsistenz zu erhalten.

NATÜRLICHE GESCHMACKSVERSTÄRKER

Hefeflocken

Hefeflocken haben eine dunklere Farbe und einen intensiveren Geschmack als Bierhefe und gehören zu den bevorzugten Zutaten für einen käsigen Geschmack. Sie lassen sich leicht selbst unter kalte Käsemassen mischen. Wenn Sie den Geschmack von Hefeflocken mögen, können Sie auch etwas mehr davon verwenden, als in der Zutatenliste angegeben. Aber Achtung – eine zu große Menge an Hefeflocken überdeckt den Geschmack der anderen Zutaten.

Zitronensaft

Zitronensaft sorgt für die säuerliche und leicht pikante Note, die den Grundzutaten fehlt, und verstärkt gleichzeitig die anderen Aromen. Dosieren Sie Zitronensaft ganz vorsichtig und geben Sie nicht mehr dazu als vorgesehen. Wenn die Käsemasse zu dick ist, fügen Sie ein bis zwei Esslöffel Wasser zu, aber keine Zitrone, denn ein Käse mit Zitronengeschmack schmeckt sicher nicht mehr nach Käse! Und verwenden Sie nur frisch gepressten Zitronensaft, keinen aus der Flasche.

Miso

Die japanische Würzpaste, die für Suppen und Brühen verwendet wird, kommt auch in der Bio-Küche gerne zum Aromatisieren von Saucen und anderen Zubereitungen zum Einsatz. In der Käseherstellung, vor allem in der Herstellung des berühmten „Tofu Misozuke", wird Misopaste aufgrund ihres fermentierten Geschmacks eingesetzt. Während braunes Miso in der veganen Küche verwendet wird, um für einen fleischähnlichen Geschmack zu sorgen, lässt sich das hellere, mildere weiße Miso perfekt unter die Käsemasse mischen, um diese leicht zu aromatisieren.

Gewürze, Aromastoffe und Würzmittel

- **Knoblauch, Zwiebel und Schalotte:** Frisch eignen sie sich zum Aromatisieren von Frischkäse. Getrocknet werden sie vor dem Kochen der Käsemasse zugegeben, um für einen Käsegeschmack zu sorgen.
- **Senf:** Mit seinem scharfen, säuerlichen Geschmack muss er vorsichtig dosiert werden, dann unterstreicht er den Geschmack der Käsemasse und verleiht ihr Würze, ohne zu viel Eigenaroma abzugeben.
- **Kräuter:** Basilikum, Schnittlauch, Estragon, Thymian, Oregano oder Kräuter der Provence werden zum Aromatisieren von Frischkäse verwendet oder um geformte Käse darin zu wälzen.
- **Gewürze:** Zum Verfeinern oder Aromatisieren, nach Geschmack zu verwenden.

FERMENTATIONS-STARTER

Réjuvélac

Réjuvélac ist ein fermentiertes Getränk aus gekeimtem Vollkorngetreide (oder Quinoa), das von Ann Wigmore, Rohkost-Pionierin und Gründerin des Institut Hippokrates, eines bekannten Gesundheitszentrums in den USA, erfunden wurde. Es wird zur Fermentation von Käse auf der Basis von Ölfrüchten verwendet.

Das Rezept für Réjuvélac: In einem Glas 1 gute Handvoll 2 Tage gekeimten Weizens (oder eines anderen gekeimten Getreides oder gekeimtes Quinoa) mit 300 ml reinem Wasser mischen (kein Leitungswasser, denn das ist mitunter gechlort). Das Glas verschließen und 48 Stunden bei Zimmertemperatur fermentieren lassen. Filtern und die Flüssigkeit im Kühlschrank aufbewahren (das stoppt die Fermentation). Das Getränk ist weiß und hat einen leicht säuerlichen Geschmack.

- **Sauerkrautsaft:** Sauerkrautsaft ist ein milchsauer vergorenes Getränk mit entgiftender Wirkung und probiotischer Eigenschaft, das auch zur Fermentation von Käse eingesetzt werden kann. Man findet Sauerkrautsaft in Flaschen abgefüllt im Bioladen.

- **Kombucha:** Kombucha ist ein fermentiertes Getränk mit säuerlichem Geschmack, das entsteht, wenn gezuckerter Tee (Früchte- oder Schwarztee) mit dem Kombucha-Pilz – dabei handelt es sich um keinen echten Pilz, sondern um eine Symbiose verschiedener Hefen und Essigsäurebakterien – versetzt wird. Der Kombucha-Pilz ist in der Apotheke erhältlich. Fertiges Kombucha ist im Bioladen zu kaufen. Bevorzugen Sie Kombucha natur.

- **Kimchi:** Diese traditionelle koreanische Gemüse-Zubereitung ist eine Mischung aus milchsauer vergorenem Gemüse, Aromaten und Chili. Kimchi aus Chinakohl, *baechu kimchi*, ist die bekannteste Version. Oft wird Kimchi mit Fischsauce zubereitet, man findet aber auch vegane Zubereitungen im Handel und Kimchi kann auch selbst hergestellt werden, so wie es die Koreaner machen! (Mein Rezept für *baechu kimchi* finden Sie auf Seite 72.)

KÄSE-HERSTELLUNG

Dicklegen/Abtropfen: Mit einem Sieb und einem Seihtuch kann man eingedickten Sojadrink oder Sojajoghurt abtropfen lassen, sodass Frischkäse entsteht. Man geht auf die gleiche Art und Weise vor wie bei der Herstellung traditioneller Käse aus Tiermilch.

Fermentieren: Bei der Fermentation muss sehr auf die Hygiene geachtet werden, damit man nicht Gefahr läuft, dass sich unerwünschte Bakterien entwickeln. Es ist daher unbedingt notwendig, ausschließlich einwandfrei saubere Utensilien zu verwenden. Bevorzugen Sie Glasbehälter anstelle von Plastikdosen.

Formen: Sehr unterschiedliche Gefäße und Utensilien, wie z. B. Dessertringe, kleine Teller, Schüsseln usw. können dazu dienen, einen Käse, der im Kühlschrank fest werden muss, in Form zu bringen.

Backen/Trocknen/Reifen: Die Reifung an der Luft ist zu Hause etwas kompliziert durchzuführen, daher habe ich mich für Rezepte entschieden, in denen die Käse im Ofen oder im Dörrapparat getrocknet werden. Je nach Rezept vertragen die Käse eine mehr oder weniger hohe Temperatur. Im Zweifelsfall den Backvorgang immer regelmäßig beobachten.

Zerkleinern/Pürieren

Im Gegensatz zu den Techniken der klassischen Käseproduktion sind Küchenmaschine und Mixer für die Herstellung veganer Käse unbedingt notwendig. Einige Anmerkungen zu den unterschiedlichen Modellen und ihrer Verwendung.

• **Standmixer:** Ein Standmixer besteht aus einem Sockel und einem Mixbehälter aus Glas oder Plastik. Er wird normalerweise zur Herstellung von Säften und Suppen verwendet. Für kleine Mengen oder wenig flüssige Massen ist er eher nicht geeignet.

• **Stabmixer:** Ein Mixer, der direkt in die Masse getaucht wird. Hauptsächlich wird er für Suppen und Saucen verwendet, erweist sich aber als sehr praktisch zum Mixen dickflüssiger Massen und sogar zum Zerkleinern ganzer Cashewkerne. Der Stabmixer kommt in den Rezepten in diesem Buch am öftesten zum Einsatz.

• **Küchenmaschine:** Die klassische Küchenmaschine verfügt über ein großes verschließbares Gefäß sowie unterschiedliche Messer und Einsätze. Sie erlaubt das Pürieren oder Zerkleinern großer Mengen und etwas festerer Zutaten dank des Doppelschlagmessers aus Metall. Das Doppelschlagmesser gehört zur Grundausstattung der Küchenmaschine und ist stärker und größer als die Messer des Standmixers und des Stabmixers.

DIE GROSSEN KLASSIKER – VEGAN

PFLANZLICHER MOZZARELLA

Ein schmelzfähiger, aber schnittfester Mozzarella, der sich kalt für Salat eignet und im Ofen dank des Kokosöls perfekt schmilzt. Lange habe ich von diesem Rezept geträumt – nun bin ich froh, es Ihnen präsentieren zu können.

FÜR 2 KUGELN/4–8 PERSONEN

• 125 g Seidentofu • 100 g Sojajoghurt • 150 ml Sojadrink • 100 ml Reisdrink • 2 EL Zitronensaft • 2 EL Maisstärke • ¾ TL Agar-Agar • ¾ TL Salz • 150 ml neutrales Kokosöl

Alle Zutaten, außer dem Kokosöl, in den Mixbehälter des Standmixers geben und einige Minuten pürieren. Das im Wasserbad geschmolzene Kokosöl zugeben und wieder pürieren, bis eine glatte cremige Masse entsteht.
Die Masse in eine Kasserolle füllen und auf starker Stufe unter ständigem Rühren mit einem Holzkochlöffel 5 Minuten kochen. Die Masse dickt ein und bekommt eine dickcremige Konsistenz.
In Dessertringe oder Formen füllen. Um Kugeln zu formen, die Masse in kleine, mit Frischhaltefolie ausgelegte Schüsseln mit rundem Boden füllen, die Frischhaltefolie zur Mitte hin zusammenfassen und z. B. mit einer Wäscheklammer fixieren.
3–4 Stunden kühl stellen. Aus der Form nehmen und wie einen herkömmlichen Mozzarella verwenden.

Rezeptidee: Salat „Caprese“ mit Feigen

Zutaten pro Person: 1 Tomate, 1 grüne Feige, ½ Kugel Mozzarella, 1 Schuss Olivenöl, 1 Schuss Balsamico-Essig, Kräuter, Salz und Pfeffer.

Tipps

Dieser Mozzarella schmilzt hervorragend und zerläuft richtig gut. Er eignet sich daher perfekt für Pizza, zum Gratinieren und für köstliche auf dem Grill überbackene Brote.

CASHEW-SOJA-RICOTTA

Ein wunderbar vielseitiger Käse – weich und cremig zugleich dank der Mischung aus Cashewkernen und „Sojaquark".

FÜR 4 PERSONEN

• 150 g ungeröstete Cashewkerne • 1 EL Zitronensaft • 1,5 l Sojadrink natur • 1,5 TL Nigari* • 1,5 TL Salz • 2 EL Wasser

Die Cashewkerne 4–6 Stunden einweichen, abgießen und mit dem Zitronensaft in der Küchenmaschine zu einer gleichmäßigen, körnigen Masse verarbeiten.

Den Sojadrink in einem großen Topf erhitzen (Achtung, Sojadrink schäumt beim Kochen sehr stark!). Nigari und Salz im Wasser auflösen. Wenn der Sojadrink kocht, den Topf von der Platte nehmen und das aufgelöste Nigari untermischen. 5–10 Minuten eindicken lassen. In ein sehr feines Sieb oder in ein feines, mit einem Seihtuch ausgelegtes Sieb gießen. 15–20 Minuten abtropfen lassen. In einer großen Schüssel den „Sojaquark" (abgetropfter Sojadrink) mit den Cashewkernen mischen.

Den Käse zum Kochen wie Ricotta verwenden oder mit Salz, Pfeffer, frischen Kräutern und etwas Olivenöl als Brotaufstrich genießen.

Info

Bei der Zubereitung dieses Käses wird der Sojadrink auf die gleiche Art und Weise zur Gerinnung gebracht wie bei der Tofu-Herstellung. Der eingedickte und abgetropfte Sojadrink kann pur, wie ein leichterer Ricotta oder Cottage Cheese, genossen werden. Die Zugabe der Cashewkerne in diesem Rezept macht den pflanzlichen Käse etwas fester und cremiger. Da er auch hohen Temperaturen standhält, eignet er sich sehr gut zum Kochen. Die Cashewkerne sorgen außerdem für eine sehr käsige Geschmacksnote.

Rezeptideen

Perfekt geeignet als Fülle für Cannelloni mit Spinat, aber auch zum Füllen kleiner Teigtäschchen, zur Zubereitung einer Gemüse-Tarte oder einer vegetarischen Quiche.

*Nigari ist eines der ursprünglich in Japan verwendeten Produkte zur Gerinnung von Sojadrink und zur Herstellung von Tofu. Es besteht aus kleinen weißen Kristallen, die sich sehr leicht in Wasser auflösen und eine klare, etwas herbe Flüssigkeit ergeben. Aus Japan importiertes Nigari findet man in makrobiotisch orientierten Reformhäusern oder online. Ersatzweise kann Magnesiumchlorid oder Kalziumsulfat (in Apotheken erhältlich) verwendet werden.

VEGANER HARTKÄSE NACH PARMESAN-ART

Ein gebrauchsfertiger Käse, der jederzeit zum Einsatz kommen kann und der sich in nur wenigen Minuten zubereiten lässt. Das ideale Rezept für Einsteiger!

FÜR 1 KLEINES GLAS/2–4 PERSONEN

- ½ Tasse ungeröstete Cashewkerne
- ½ Tasse geschälte Mandeln
- 2 TL helle Sesamsamen
- 1,5 EL Hefeflocken
- 1 TL Meersalz

Alle Zutaten in den Mixbehälter der Küchenmaschine geben und mit dem Doppelschlagmesser zu einer gleichmäßigen, feinkörnigen Konsistenz verarbeiten.
Der pflanzliche Käse nach Parmesan-Art ist im Kühlschrank in einem luftdicht verschlossenen Glas eine Woche haltbar.

Info

Mandeln und Sesam machen diesen Käse zu einer natürlichen Kalziumquelle. Wird er nur mit Cashewkernen zubereitet, bekommt er eine noch feinere, zart schmelzende Konsistenz. Dafür einfach die angegebene Menge Mandeln durch die gleiche Menge Cashewkerne ersetzen.

Rezeptideen

Der Käse nach Parmesan-Art eignet sich sehr gut zur Zubereitung im Ofen gratinierter Auberginen oder Zucchini oder auch zum Bestreuen gefüllter Conchiglioni, die am Grill überbacken werden. Für ein schnelles Pesto einfach etwas Olivenöl, frisches Basilikum und veganen „Parmesan“ pürieren. Schmeckt ausgezeichnet zu Vollkornnudeln mit geviertelten Kirschtomaten.

KÄSE NACH FETA-ART

Müsste ich mich entscheiden, wäre dieses Rezept vielleicht mein Lieblingsrezept in diesem Buch. Ein verblüffender veganer Käse mit unglaublichem Geschmack und perfekter Konsistenz, der wirklich nach Käse riecht. Er eignet sich wunderbar, um auch Freunde und Familie mit der Welt der veganen Käse vertraut zu machen.

FÜR 1 GROSSEN BLOCK/8 PERSONEN

• 150 ml neutrales Kokosöl • 200 g geschälte, in Salzlake eingelegte Lupinenkerne • 100 g fermentierter Tofu natur • 150 ml Sojadrink • 2 EL Zitronensaft • 1 TL Salz

Das Kokosöl im Wasserbad schmelzen. Alle Zutaten mindestens 5 Minuten mit dem Stabmixer zu einer homogenen und möglichst glatten Masse pürieren.
Die Masse in eine kleine rechteckige Form oder eine andere Form nach Wahl (gegebenenfalls mit Backpapier ausgelegt) einfüllen. 12 Stunden kühl stellen.
Zu verwenden wie herkömmlicher Feta, in Würfel geschnitten im Salat, auf einer Scheibe Brot mit etwas Olivenöl oder zum Füllen verschiedener im Ofen gebackener Sommergemüse …
Der Käse nach Feta-Art ist problemlos eine Woche im Kühlschrank haltbar.

Info

Die in Salzlake eingelegten Lupinenkerne sind ein wesentlicher Bestandteil dieses Rezepts. Es ist genau ihr salziger Geschmack, der dem Käse ein Aroma verleiht, das dem eines traditionellen Fetas sehr nahekommt. Das Kokosöl sorgt dafür, dass der Käse schnittfest wird und verleiht ihm eine unglaubliche Schmelzfähigkeit. Der fermentierte Tofu sorgt für eine ausgesprochen käsige Note und einen säuerlichen Geschmack. Leider ist fermentierter Tofu, der im Gegensatz zum klassischen Tofu nicht durch Dicklegen des Sojadrinks mit Nigari, sondern durch Fermentation mittels Milchsäurebakterien (Bakterien, die Zucker in Milchsäure umwandeln) hergestellt wird, im deutschsprachigen Raum noch schwer erhältlich. Alternativ können Sie ihn durch klassischen Naturtofu ersetzen (auf das für den fermentierten Tofu typische Käsearoma und die wertvollen Inhaltsstoffe wie Proteine, Omega-3-Fettsäuren und aktive probiotische Kulturen müssen Sie allerdings verzichten), ein anderes fermentiertes Sojaerzeugnis, z. B. *VegiBelle* von Nagel Tofu (www.tofunagel.de), verwenden (erhältlich in größeren Bioläden), ihn im Internet unter www.unmondevegan.com aus Frankreich bestellen oder eine Art fermentierten Tofu nach dem Rezept auf Seite 41 selbst herstellen. Achtung, dafür ist aber eine Reifezeit von 7–10 Tagen einzuplanen!

CHEDDAR

Ein Käse mit sehr intensivem Geschmack und schöner Farbe, der perfekt den geschmolzenen Cheddar in Rezepten aller Art ersetzen kann.

FÜR 2 KLEINE BLÖCKE/8 PERSONEN

• 5 EL neutrales Kokosöl • 140 g geschälte, in Salzlake eingelegte Lupinenkerne • 100 g gegrillte rote Paprikaschoten ohne Schale • 2 TL Senf • 1 EL Zitronensaft • 1,5 TL Salz • 4 EL Hefeflocken • 1 EL Wasser • 2 EL Cashewmus • 3,5 TL Agar-Agar • 100 ml Sojadrink

Das Kokosöl im Wasserbad schmelzen. Alle Zutaten in einen Mixbecher geben und mit dem Stabmixer einige Minuten zu einer sehr glatten Masse pürieren.
In eine mittelgroße Kasserolle geben, aufkochen und 1–2 Minuten unter ständigem Rühren kochen.
Die Masse in Formen oder Dessertringe füllen und abkühlen lassen. 3–4 Stunden kühl stellen.

Verwendung

Mit dem Messer in dünne Scheiben oder feine Stäbchen schneiden und schmelzen lassen. Für vegetarische Burger ein oder zwei feine Scheiben Cheddar auf ein pflanzliches (Hack-)Steak legen und einige Minuten im Backofen mit der Grillfunktion überbacken, damit der Cheddar schmilzt.

Rezeptideen

Kartoffeln oder Blumenkohl mit Cheddar überbacken, vegane Quiche mit Cheddar und Brokkoli, panierte Cheddar-Kroketten, Quesadillas mit Avocado, Cheddar und Koriander …

FRISCHKÄSE-ROLLE

Ein Rezept für einen klassischen Frischkäse, vielseitig verwendbar, mit leichtem Geschmack und so cremig, wie man ihn sich wünscht. Die Mischung aus Mandeln und Cashewkernen sorgt für ein feines Aroma und eine perfekte Konsistenz.

ZUTATEN FÜR 1 ROLLE

- 100 g ungeröstete Cashewkerne
- 100 g geschälte Mandeln
- 1 TL Salz
- 1 EL Hefeflocken
- 2 TL Zitronensaft
- ½ TL Essig

ZUM WÄLZEN

- 1 EL Schnittlauch
- 1 TL frischer Thymian
- Salz und Pfeffer

Cashewkerne und Mandeln je 12 Stunden in separaten Schüsseln einweichen. Dann abgießen und zusammen mit den anderen Zutaten mit dem Stabmixer pürieren. Die gehackten Kräuter sowie etwas Salz und Pfeffer auf einem Backpapier verteilen, die Frischkäsemasse der Länge nach daraufgeben. Zu einer Wurst einrollen. Die Enden zusammendrücken und für mindestens 2 Stunden in den Kühlschrank geben. Vorsichtig auswickeln und servieren.
Die Frischkäserolle ist eingepackt im Kühlschrank 3 Tage haltbar.

Tipps

Dieser Frischkäse schmeckt am besten pur, eignet sich aber genauso für Pizza, im Ofen überbackene Toasts oder aufgeschnitten für Gratins. Er schmilzt nicht, macht Geschmack und Konsistenz eines Gerichts aber interessanter.

VEGANER KNOBLAUCH-KOCHKÄSE

Ein Klassiker unter den französischen Käsen, den ich bis jetzt noch nicht in pflanzlicher Version gesehen habe. Mit seiner interessanten leicht klebrigen und streichfähigen Konsistenz ist er aber durchaus auch vegan einen Versuch wert.

FÜR 1 KLEINE SCHÜSSEL/4 PERSONEN

- 1 kleine Knoblauchzehe
- 250 ml Sojadrink
- 2 TL Olivenöl
- 1,5 EL Kartoffelstärke
- ½ TL Salz
- 1 EL weißes Miso
- 4 EL Sojajoghurt
- 3 EL Cashewmus (+ 1 EL zum Mixen am Ende)
- ½ TL Knoblauchgranulat

Die Knoblauchzehe fein hacken. Alle Zutaten in einen Mixbecher geben und mit dem Stabmixer einige Minuten zu einer homogenen Masse pürieren.
Die Masse in eine mittelgroße Kasserolle füllen und auf starker Stufe unter ständigem Rühren mit einem Schneebesen zur Konsistenz einer dicken Béchamel einkochen. Abkühlen lassen, dann erneut mit dem Stabmixer pürieren, dabei nach und nach einen zusätzlichen Esslöffel Cashewmus zugeben. Mit Knoblauchgranulat abschmecken.
Der Kochkäse ist im Kühlschrank 2 Tage haltbar.

Tipps

Perfekt zu getoastetem Brot, zu Kartoffeln oder zur Zubereitung eines Gratins.

GEWÜRZ-GOUDA

Meine ganz persönliche, mit Kümmel gewürzte, pflanzliche Variante des berühmten holländischen Käses. Ein fester Käse mit delikatem, mildem Geschmack.

FÜR 4 PERSONEN

• 80 g ungeröstete Cashewkerne • 4 EL Hefeflocken • 1,5 TL Zwiebelgranulat • ½ TL Knoblauchgranulat • 1 TL Salz • 400 ml Sojadrink • 8 TL Agar-Agar • 5 EL neutrales Pflanzenöl • 2 EL weißes Miso • 2 TL Zitronensaft • 1 TL Tomatenmark • 2 TL Kümmelsamen • 1 TL Schwarzkümmelsamen • 1 Prise Piment d'Espelette* • Pfeffer

Cashewkerne mit Hefeflocken, Zwiebel- und Knoblauchgranulat sowie Salz in der Küchenmaschine zerkleinern.
Sojadrink, Agar-Agar und Öl vermischen. Miso, Zitronensaft und Tomatenmark zugeben. Die Mischung in eine Kasserolle geben, aufkochen lassen und 1–2 Minuten unter ständigem Rühren kochen.
Sofort mit der trockenen Mischung verrühren. Die Masse in eine große Schüssel geben und die Gewürze zufügen. In Formen oder Dessertringe füllen und 2 Stunden kühl stellen. Zum Vollenden die aus der Form gelösten Käse in einer Mischung aus Kümmel- und Schwarzkümmelsamen wenden, etwas andrücken, damit die Samen gut haften bleiben. Der Käse ist, kühl gelagert, 5 Tage haltbar.

Tipps

Schmeckt pur, aufgeschnitten in einem Sandwich, zu Crackern oder in Würfel geschnitten zum Aperitif.

*Piment d'Espelette ist eine Chili-Sorte aus der Region Espelette im französischen Baskenland nahe der spanischen Grenze mit fruchtigem, leicht rauchigem Aroma.

FERMENTIERTE KÄSE

ZARTER MANDELKÄSE

Dieser milde Frischkäse dient als Basis für stärker aromatisierte Varianten oder andere Käsezubereitungen. Das Einweichen der Mandeln verhindert, dass ihr Geschmack zu dominant wird. Die luftig-leichte, cremige Konsistenz des Käses ist sehr angenehm.

FÜR 4 PERSONEN

- 125 g geschälte Mandeln
- 5 EL Réjuvélac (siehe Seite 13)
- Salz nach Geschmack

Die Mandeln 12–24 Stunden in kaltem Wasser einweichen.
Das Wasser abgießen, Mandeln und Réjuvélac mit dem Stabmixer pürieren. Die Masse in ein geschlossenes Glas füllen und bei Zimmertemperatur etwa 48 Stunden fermentieren lassen (wenn es sehr warm ist, reichen möglicherweise 24 Stunden, wenn es sehr kalt ist, kann die Fermentation 72 Stunden dauern). Der Käse muss einen leicht fermentierten Geschmack annehmen. Zuletzt das Salz zugeben und den Käse bis zum Verzehr kühl stellen.

Info

Mandeln sind reich an Kalzium, daher ist dieser Mandelkäse ein perfekter Ersatz für Käse aus Tiermilch.

Rezeptideen

Bruschetta mit Kirschtomaten und Basilikum; Aufstrich mit gegrillten Paprika und Zitrone; Frischkäsedip mit grüner Olivenpaste; Pikante Tartelettes mit gegrilltem Gemüse; Gefüllte Tomaten mit Frischkäse und Kräutern; Überbackene Toasts mit Mandelkäse, Feigen, Haselnüssen und Ahornsirup …

CASHEW-KÄSE

Der Cashew-Käse ist der große Klassiker unter den veganen Käsen. Er dient als Basis für viele andere Käse-Rezepte. Seine Konsistenz ist wunderbar cremig und sein Geschmack ist köstlich … kurz, ein Käse, an dem man nicht vorbeikommt!

FÜR 4 PERSONEN

- 125 g ungeröstete Cashewkerne
- 100 ml Réjuvélac (siehe Seite 13)
- ½ TL Salz
- 2 TL Hefeflocken

Die Cashewkerne 12 Stunden einweichen.
Das Wasser abgießen, Cashewkerne und Réjuvélac mit dem Stabmixer pürieren. In ein Glas füllen, verschließen und bei Zimmertemperatur etwa 48 Stunden fermentieren lassen. (Nach 24 Stunden prüfen, ob der Grad der Fermentation und der Geschmack schon Ihrer Vorstellung entsprechen. Wenn es kalt ist, kann die Fermentation länger als 48 Stunden dauern. In diesem Fall alle 12 Stunden kontrollieren, ob der Käse schon ausreichend fermentiert ist.)
Salz und Hefeflocken untermischen und kühl stellen.

Tipps

Zum Verfeinern des Käses eignen sich: getrocknete Tomaten und Oregano, Kräuter der Provence und Olivenöl, Estragon, Dill und geräucherter Paprika, Nüsse …

Rezeptideen

Gefüllte Zucchini, Cannelloni mit Cashew-Käse und sautiertem Mangold, Käsedip mit gegrillten Auberginen …

TOFU MISOZUKE

Dieses nicht sehr bekannte, jedoch außergewöhnliche Rezept stammt ursprünglich aus der Stadt Fukuoka in Japan. Der Tofu wird mit einer Marinade aus Miso fermentiert. Je länger man ihn fermentieren lässt, desto cremiger und intensiver wird er. Seine Anhänger vergleichen den Geschmack dieses besonderen Tofus sowohl mit dem von Käse als auch mit dem von Gänseleber. Selbst in Japan ist dieser Tofu nur sehr schwer zu finden, doch er lässt sich sehr leicht zu Hause selber herstellen.

FÜR 4–8 PERSONEN

• 2 Blöcke fester Tofu zu je 125 g • 200 g weißes Miso • 30 ml Sake • 2 EL Zucker

Die Tofublöcke in saugfähiges Küchenpapier einwickeln und 1 Stunde, z. B. mit einem Teller, beschweren, damit sie gut abtropfen. Miso, Sake und Zucker vermischen.
Wenn der Tofu abgetropft ist, auswickeln, in eine Gaze oder einen feinen Mullstoff einwickeln und die Marinade rundherum verteilen, sodass der Tofu gut bedeckt ist.
Den Boden einer luftdicht verschließbaren Dose mit Küchenpapier auslegen, die zwei Tofublöcke in die Dose legen, die Dose verschließen und in den Kühlschrank stellen. Die empfohlene Fermentationszeit für einen guten Tofu Misozuke beträgt zwei Monate. In dieser Zeit muss das Küchenpapier, immer wenn es sehr durchnässt ist, gewechselt werden. Sie können den Tofu auch schon ab der ersten Woche genießen. Sie erhalten dann einen weniger schmelzenden Tofu, dessen Geschmack und Konsistenz aber trotzdem schon sehr interessant sind. Vor dem Verzehr die Gaze und den Rest der Marinade entfernen. Den Tofu in einer luftdicht verschließbaren Dose kühl lagern.

Hier ein schnelles und einfaches Rezept für einen Tofu, der in Geschmack und Konsistenz einem **fermentierten Tofu** ähnlich ist: 125 g festen Tofu gut mit weißer Misopaste bedecken, 7–10 Tage in einer luftdicht verschließbaren Dose in den Kühlschrank geben, dann den Tofu abspülen und sofort genießen! Für einen sehr kräftigen Tofu, das weiße Miso mit braunem Miso mischen (je mehr braunes Miso Sie verwenden, desto intensiver wird der Tofu).

Achtung: Wenn es zu Schimmelbildung kommt, den Tofu vorsichtshalber entsorgen und von Neuem beginnen.

SAUERKRAUT-KÄSE

Das Besondere an diesem Rezept ist die Verwendung eines milchsauer vergorenen Sauerkrautsafts, in dem die Cashewkerne eingeweicht werden. Dadurch nehmen sie seinen fermentierten Geschmack an. Das Ergebnis: ein einzigartiger Käse, der durch das Trocknen im Ofen fester wird, aber dennoch einen zart schmelzenden Kern behält.

FÜR 1 KLEINEN KÄSE/4 PERSONEN

- 100 g Cashewkerne
- 250 ml + 3 EL Sauerkrautsaft
- 1 EL Hefeflocken
- ½ TL Salz
- 2 EL Cashewmus

Die Cashewkerne über Nacht in 250 ml Sauerkrautsaft einweichen.
Am nächsten Morgen den Saft abgießen und die Cashewkerne gut abtropfen lassen. Mit den verbleibenden 3 EL Sauerkrautsaft, dem Salz, den Hefeflocken und dem Cashewmus pürieren.
Den Ofen auf 100 °C vorheizen. Einen kleinen Dessertring (ca. 7 cm Durchmesser) auf ein mit Backpapier ausgelegtes Blech legen und die Masse einfüllen. Gut festdrücken.
Den Käse mit dem Ring 20–30 Minuten backen. Die Oberseite sollte trocken, fest und goldbraun sein. Aus dem Ofen nehmen, abkühlen lassen, den Käse mit einem Messer vom Rand des Dessertrings lösen und den Ring vorsichtig entfernen.
Der Sauerkrautkäse ist 4–5 Tage im Kühlschrank haltbar.

KÄSE MIT ZWEI SORTEN PFEFFER

Ein Rezept für einen pflanzlichen Frischkäse, der an den bekannten Doppelrahmfrischkäse der Marke *Boursin* erinnert. Der fermentierte Tofu sorgt für den Käsegeschmack und die Cashewkerne garantieren eine cremige Konsistenz.

FÜR 4 PERSONEN

- ½ Tasse ungeröstete Cashewkerne
- 200 g fermentierter Tofu, in Tamari* mariniert
- ½ TL schwarze Pfefferkörner
- ½ TL Rosa Beeren
- ½ TL Salz
- 4 EL Wasser
- ½ EL Zitronensaft
- ¼ TL Knoblauchgranulat

ZUM WÄLZEN

- 2 TL schwarzer Pfeffer
- 2 TL Rosa Beeren

Die Cashewkerne 2 Stunden in einer Schüssel mit Wasser einweichen.
Den fermentierten Tofu zerbröckeln und mit den abgetropften Cashewkernen in den Mixaufsatz der Küchenmaschine geben. Schwarzen Pfeffer und Rosa Beeren in einem Mörser zerkleinern, mit Salz, Wasser, Zitronensaft und Knoblauchgranulat in den Mixaufsatz dazugeben. Mit dem Doppelschlagmesser zu einer homogenen, dickcremigen Masse pürieren.
Zum Formen des Käses eine kleine Schüssel mit ebenem Boden oder einen Dessertring mit Frischhaltefolie auslegen. Die Masse gut hineindrücken. 30 Minuten kühl stellen, dann auf einen Teller stürzen. Pfeffer und Rosa Beeren zerkleinern und den Käse rundherum damit bestreuen. Kühl und zugedeckt lagern. Innerhalb von 48 Stunden verbrauchen.

Info

Rosa Beeren sind die Früchte des „Falschen Pfefferstrauches“ und sind streng genommen kein Pfeffer. Ein übermäßiger Konsum kann zu Vergiftungserscheinungen führen, es ist daher ratsam, keine zu großen Mengen Rosa Beeren zu essen. Aber keine Angst, ein oder zwei Stückchen dieses köstlichen Käses können Sie ohne Bedenken genießen.

Variante

Für eine cremigere Version zum Streichen (oder zum Kochen) 1–2 Esslöffel Wasser zugeben und den Käse nach dem Pürieren in eine kleine Schüssel oder ein kleines Glas geben.

* Tamari ist eine spezielle Sojasauce, die keinen oder nur geringe Mengen Weizen enthält und daher mitunter glutenfrei ist. Fermentierter Tofu – siehe Info auf Seite 24.

KLEINE KÄSEBARREN
NACH ITALIENISCHER ART

Eine kleine Variation mit erstaunlichem Ergebnis! Allein durch die Zugabe von Polenta werden aus dem Cashew-Käse leckere, kleine Käsebarren. Ein Käse ohne Gluten – perfekt zum Brunch oder zum Aperitif.

FÜR 2 KLEINE BARREN/2–4 PERSONEN

- 100 g ungeröstete Cashewkerne
- 75 g Réjuvélac (siehe Seite 13)
- ¼ TL Piment d'Espelette*
- ¼ TL Salz
- 2 TL Zwiebelgranulat
- ½ TL Knoblauchgranulat
- 4 klein geschnittene, getrocknete Tomaten
- 5 TL Hefeflocken
- 2 EL vorgekochte Polenta
- 1 EL Hefeflocken

Die Cashewkerne 4–12 Stunden einweichen, abgießen und mit dem Réjuvélac mit dem Stabmixer pürieren. Etwa 48 Stunden bei Zimmertemperatur in einem geschlossenen Glas fermentieren lassen.
Dann die fermentierten Cashewkerne mit den anderen Zutaten mischen, zwei Mini-Kastenformen mit Backpapier auskleiden, die Masse einfüllen und ca. 15 Minuten bei 180 °C backen. Den Käse aus der Form nehmen und kalt oder lauwarm in Scheiben geschnitten genießen.

Tipps

Dieser Käse schmeckt köstlich zu Rucola-Salat oder mit grünen Oliven und Kirschtomaten auf kleinen Spießchen serviert.

*Piment d'Espelette ist eine Chili-Sorte aus der Region Espelette im französischen Baskenland nahe der spanischen Grenze mit fruchtigem, leicht rauchigem Aroma.

MANDEL-CROTTINS*

Die Konsistenz des Mandelkäses (von Seite 36) eignet sich sehr gut zur Herstellung kleiner runder veganer „Ziegenkäse“, die im Ofen gebacken werden. Die Zugabe von gemahlenen Mandeln sorgt für ein überraschend-köstliches Ergebnis.

FÜR 6 KLEINE KÄSE

• Mandelkäse (Menge wie im Rezept auf Seite 36) • 100 g gemahlene Mandeln

NACH BELIEBEN

• 1 TL Zwiebelgranulat • ¼ TL Knoblauchgranulat
• Kräuter der Provence • Paprikapulver • grob gemahlener Pfeffer

Den Mandelkäse mit 80 g der gemahlenen Mandeln vermischen. Für einen etwas würzigeren Geschmack Zwiebel- und Knoblauchgranulat, Kräuter der Provence, Paprikapulver und Pfeffer zugeben. Bei Bedarf mit Salz abschmecken. 6 kleine Kugeln formen und in den restlichen gemahlenen Mandeln wälzen. Die Kugeln in der Hand vorsichtig flach drücken und zu kleinen Laibchen formen (wie Frikadellen). Auf ein mit Backpapier ausgelegtes Blech legen und 5–10 Minuten bei 180 °C backen.
Kalt oder warm wie Ziegenkäse genießen.

Tipps

Die kleinen Mandelkäse schmecken auf Toastbrot, in Stücke geschnitten im Salat, in einem Sandwich, mit Feigen, Schwarzkirschen-Konfitüre, Chutney oder auch mit Oliven. Sie können aber genauso für pikante Tartes oder Pizza verwendet werden.

*Crottins (de Chavignol) sind kleine runde Weichkäse aus Ziegenmilch, die die Form einer leicht abgeplatteten Kugel aufweisen.

KOMBUCHA-KÄSE

Kombucha ist ein kohlensäurehaltiges Getränk, das wegen seiner probiotischen und entgiftenden Wirkung geschätzt wird. In diesem Rezept kommt es aufgrund seines charakteristischen fermentierten und säuerlichen Geschmacks zum Einsatz. Es sorgt für einen Käse mit einem völlig neuartigen Aroma.

FÜR 4 PERSONEN

• 75 g Cashewkerne • 300 ml Kombucha natur • 4 TL Agar-Agar • 3 TL Tapioca-Mehl • 2 EL Hefeflocken • 5 EL Kokosöl • 1 TL Salz • 1 TL Senf

Die Cashewkerne 6–12 Stunden einweichen. Abgießen und mit 200 ml Kombucha mit dem Stabmixer pürieren.
In einem Topf 100 ml Kombucha mit den restlichen Zutaten mischen.
Nach und nach die Cashewkern-Mischung zugeben und auf starker Stufe 4–5 Minuten kochen. (Achtung: Nicht zu lange kochen, denn sonst beginnt das Öl sich vom Rest der Zutaten zu trennen und die Zubereitung des Käses ist nicht mehr möglich.)
Die Masse in zwei leicht eingeölte Dessertringe oder Formen füllen. 2–3 Stunden kühl stellen, aus der Form nehmen und servieren.
Der Kombucha-Käse ist im Kühlschrank 2 Tage haltbar.

Info

Fertiges Kombucha findet man heute problemlos im Bioladen. Das ist sehr praktisch, wenn man nicht die Möglichkeit hat, es selbst zu machen.

Tipps

Dieses Rezept ist ein Basisrezept. Für Käse mit raffinierteren Geschmacksnoten können Sie nach Belieben Knoblauch- oder Zwiebelgranulat, Kräuter, Gewürze, gegrillte Paprika, getrocknete Tomaten oder getrocknete Feigen zugeben … Für einen milderen Käse kann man das Kombucha durch Kefir, ebenfalls ein fermentiertes Getränk, jedoch mit milderem Geschmack, ersetzen.

HAUSGEMACHTE KÄSE-SPEZIALITÄTEN

KÄSE-HUMMUS

Hummus mit Käsearoma – diese Vorstellung mag auf den ersten Blick seltsam erscheinen, doch man kann einen unglaublich leckeren Dip kreieren, indem man im klassischen Hummusrezept das Sesammus (Tahin) durch Cashewmus ersetzt und Hefeflocken zugibt. Ein Dip mit feinem Käsegeschmack, der in wenigen Minuten zubereitet ist.

FÜR 1 KLEINE SCHÜSSEL/2 PERSONEN

• 1–2 Knoblauchzehen • 250 g gekochte Kichererbsen • 4 EL Cashewmus • 2 EL Zitronensaft • ¼ TL Salz • 4 TL Hefeflocken • 1 EL Olivenöl • 4 EL Wasser

Den Knoblauch in dünne Scheiben schneiden. Alle Zutaten in einem Mixbecher mit dem Stabmixer oder in der Küchenmaschine mit dem Doppelschlagmesser zu einer glatten, dickcremigen Masse pürieren (wenn nötig, noch ein oder zwei Esslöffel Wasser zugeben).

Rezeptideen

Wenn der Hummus als Dip serviert wird, mit einem Hauch Olivenöl und einer Messerspitze Za'atar* verfeinern. Er passt perfekt zu im Ofen aufgebackenem Pita-Brot (orientalisches Fladenbrot), Grissini oder rohem bzw. frittiertem Blumenkohl, schmeckt aber genauso in Sandwiches, Wraps, Broten, Veggie-Burgern oder auf der fertigen Pizza. Hummus eignet sich aber auch für warme Gerichte, zum Beispiel zum Bestreichen der Böden für pikante Tartelettes, für cremige Quesadillas oder für der Länge nach halbierte, gefüllte Zucchini.

* Za'atar ist eine orientalische Gewürzmischung aus Sumach, gerösteten Sesamsamen, Kreuzkümmel, Koriander, Thymian, Meersalz, Oregano und Majoran.

FEIGEN-NUSS-KÄSE

Eine raffinierte Kombination, die fast schon zum Klassiker geworden ist. Im Sommer verwendet man grüne Feigen, im Herbst blaue. In diesem Rezept sorgt das Zusammenspiel aus Cashewkernen, Tempeh und fermentiertem Tofu für einen milden, aber charakterstarken Käse mit einzigartigem Geschmack.

FÜR 4 PERSONEN

• 100 g ungeröstete Cashewkerne • 70 g Kokosöl • 150 g fermentierter Tofu, in Tamari* mariniert • 50 g Tempeh natur • 1 TL Salz • 3 TL Zwiebelgranulat • 3 EL Zitronensaft • 1 EL weißes Miso • 30 g Walnüsse • 2 frische Feigen

Die Cashewkerne 4–12 Stunden in Wasser einweichen. Das Kokosöl im Wasserbad schmelzen.
Die Cashewkerne abgießen, mit in feine Scheiben geschnittenem Tofu und Tempeh, Salz, Zwiebelgranulat, Zitronensaft, Kokosöl und Miso mit dem Stabmixer pürieren. Die grob zerkleinerten Nüsse und die klein geschnittenen Feigen zugeben, vorsichtig mit einer Gabel vermischen und die Masse in eine Form füllen. Der Käse ist, kühl gelagert, 3 Tage haltbar.

Rezeptidee

Der Feigen-Nuss-Käse schmeckt ausgezeichnet auf getoastetem Vollkornbrot, mit einigen Scheiben gebratener Feigen und einem Feldsalat mit Äpfeln, Trauben, Nussöl und Balsamico-Essig.

* Tamari ist eine spezielle Sojasauce, die keinen oder nur geringe Mengen Weizen enthält und daher mitunter glutenfrei ist. Fermentierter Tofu – siehe Info auf Seite 24.

CRAFTED FOR STYLE

CREMIGER FRISCHKÄSE MIT SCHALOTTEN UND SCHNITTLAUCH

Diese bekannte und beliebte Geschmackskombination bedarf keiner näheren Erklärung mehr! Durch die Kombination aus Cashewkernen und fermentiertem Tofu erhält der Frischkäse eine extra-cremige und wunderbar streichfähige Konsistenz.

FÜR 1 KLEINE SCHÜSSEL/2–4 PERSONEN

- 85 g Cashewkerne
- 100 g fermentierter Tofu natur*
- 1,5 EL Zitronensaft
- ½ TL Salz
- 2 EL Wasser
- 1 EL Schalotten, in feine Scheiben geschnitten
- 3 TL fein geschnittener Schnittlauch

Die Cashewkerne 4–12 Stunden in Wasser einweichen. Abgießen, mit dem fein aufgeschnittenen fermentierten Tofu, Zitronensaft, Salz und Wasser mit dem Stabmixer pürieren. Dann die Aromazutaten mit der Gabel unterrühren. Bis zum Verzehr kühl stellen.

Tipps

Dieser klassische Frischkäse eignet sich perfekt als Brotaufstrich, kann aber auch für zahlreiche Gerichte verwendet werden: er lässt sich z. B. mit verschiedenen klein geschnittenen Gemüsesorten in Gläschen schichten, aber auch für Lasagne, für Toast mit gegrillten Auberginenscheiben, zum Füllen von Brickteig oder zum Verfeinern von Suppen verwenden …

Varianten

Der Frischkäse mit Schnittlauch und Schalotten eignet sich hervorragend als Basis für die Zubereitung anderer aromatisierter Käse. Einige Ideen für köstliche Kombinationen: Pesto, Pfeffer und Minze, Dill und Zitrone, Curry und Kümmelsamen, Haselnüsse und getrocknete Früchte, Knoblauch und frischer Thymian …

* siehe Info auf Seite 24

PFLANZLICHES KÄSE-FONDUE MIT WEISSWEIN

Käsefondue ist ein Klassiker der französischen Küche, den man sich, auch wenn man vegan lebt, nicht vorenthalten sollte, denn die pflanzliche Version ist einfach zuzubereiten und schmeckt köstlich. Das Cashewmus verleiht dem Käsefondue eine unvergleichbar cremige Konsistenz.

FÜR 4–6 PERSONEN

• 500 ml Sojadrink • 150 ml veganer Bio-Weißwein • 1 TL Salz • 1 TL Knoblauchgranulat • 2 EL Kartoffelstärke • 9 EL Cashewmus • 4 EL neutrales Pflanzenöl (kein Kokosöl) • 2 EL Hefeflocken

Alle Zutaten in den Mixaufsatz des Standmixers geben und pürieren.
Dann die Mischung in eine mittelgroße Kasserolle füllen und auf starker Stufe mindestens 5 Minuten unter ständigem Rühren kochen. Die Masse wird dicker, schön cremig und ein Teil des Alkohols verdampft beim Kochen.
Das Fondue am besten sofort in einer vorgewärmten Pfanne mit Brotstückchen, Kartoffeln und, falls gewünscht, mit veganem Ersatz für Fleisch- oder Wurstwaren servieren.

Tipps

Das Käsefondue eignet sich hervorragend als Topping für Ofenkartoffeln oder für die Zubereitung eines feinen Blumenkohl-Gratins.

Info

Obwohl Wein vegetarisch ist, ist er nicht immer vegan. Er kann mit tierischen Substanzen wie Gelatine, Eiweiß, Fischleim oder auch mit Kasein (Milcheiweiß) geklärt worden sein. Diese Stoffe binden Verunreinigungen an sich und erleichtern so das Filtern. Glücklicherweise findet man jedoch auch Weine, die nicht geklärt werden oder für deren Klärung keine tierischen Stoffe verwendet werden. Um sicherzugehen, sollte man sich direkt beim Produzenten informieren oder den Wein in Online-Shops kaufen, die sich auf vegane Weine spezialisiert haben.

TEMPEH-KÄSE

Bei der Herstellung von Tempeh werden die Sojabohnen mit einem Ferment beimpft, das zur Entstehung eines Schimmelpilzes führt, wie man ihn auch auf manchen Käsesorten findet. Daher bietet sich dieses noch nicht sehr bekannte Produkt zur Herstellung veganer Käsespezialitäten an.

FÜR 1 KLEINEN KÄSE/4 PERSONEN

• 125 Tempeh natur • 200 ml Sojadrink • 45 ml neutrales Pflanzenöl • 1 EL weißes Miso • 2 EL Hefeflocken • 1–2 EL Cashewmus • 1 EL Zwiebelgranulat • ½ TL Salz • 2 TL Zitronensaft • 4 TL Agar-Agar

Das in dünne Scheiben geschnittene Tempeh mit 100 ml Sojadrink, Öl, Miso, Hefeflocken, Cashewmus, Zwiebelgranulat, Salz und Zitronensaft in einen Mixbecher geben und mit dem Stabmixer pürieren.

In einer kleinen Kasserolle 100 ml Sojadrink mit Agar-Agar vermischen und auf starker Stufe 2 Minuten kochen, bis die Mischung eine cremige bis gelartige Konsistenz annimmt. Die Masse in den Mixbecher zu den anderen Zutaten geben und pürieren. Mit Salz und Hefeflocken abschmecken.

Die Masse in eine kleine quadratische oder rechteckige Form füllen. 2 Stunden kalt stellen. Dann den Käse aus der Form nehmen, auf ein Backpapier setzen und im Dörrapparat oder im Ofen bei 40 °C Umluft 5 Stunden trocknen.

KÄSE MIT ÖLSAATEN UND PINIENKERNEN

Ein Käse von zart schmelzender Konsistenz, der zudem dank der Lein- und Hanfsamen reich an Omega-3-Fettsäuren ist.

FÜR 6 PERSONEN

• 30 g Pinienkerne • 1 EL Sesammus (Tahin) • 2 EL Cashewmus • 100 g fermentierter Tofu natur* • 70 g geschälte, in Salzlake eingelegte Lupinenkerne • 3 TL Hefeflocken • 2 TL Zitronensaft • 2 TL Zwiebelgranulat • 2 TL Salz • ½ TL Knoblauchgranulat • 2 EL Wasser • 150 ml Sojadrink • 4 TL Agar-Agar • 4 TL Hanfsamen • 2 TL Leinsamen • 2 TL Sesamsamen

Pinienkerne, Sesam- und Cashewmus, dünn aufgeschnittenen Tofu, Lupinenkerne, Hefeflocken, Zitronensaft, Zwiebelgranulat, Salz, Knoblauchgranulat und 2 EL Wasser in einem Mixbecher vermengen. Mit dem Stabmixer zu einer dicken, körnigen Masse verarbeiten.

In einer Kasserolle Sojadrink und Agar-Agar verrühren, aufkochen und 2 Minuten unter ständigem Rühren kochen.

Die flüssige und die körnige Masse miteinander vermischen, dann die Samen einarbeiten. Aus der Käsemasse kleine Bällchen, Laibchen (ähnlich wie Frikadellen), Ziegel oder Rollen formen und in einer Mischung aus Leinsamen und Sesam wälzen. Kühl lagern.

* siehe Info auf Seite 24

KÄSESAUCE FÜR NACHOS

Diese Cheddar-Sauce ist ein purer Genuss – egal ob als Dip oder für im Ofen überbackene Gerichte!

FÜR 1 SCHÜSSEL/4–6 PERSONEN

- 200 g Cheddar mit gegrilltem Paprika (siehe Seite 26)
- 350 ml Sojadrink
- 1,5 EL Maisstärke
- 3 EL neutrales Pflanzenöl
- Tabascosauce
- Salz
- Jalapenos (oder milde grüne Chilischoten)

Den Cheddar fein hacken und mit Sojadrink, Maisstärke und Öl im Standmixer pürieren. Mit Tabasco und Salz abschmecken.

Die Masse in eine kleine Kasserolle füllen und 5 Minuten auf starker Stufe kochen, damit sie zu einer Sauce eindickt. Wenn Sie die Sauce abkühlen lassen, muss sie vor dem Verzehr erneut mit dem Stabmixer aufgemixt werden, da sie dazu neigt, fest zu werden.

Je nach Belieben mit einer in feine Scheiben geschnittenen Chilischote servieren oder eine gehackte Chilischote direkt unter die Sauce mischen.

Tipps

Diese köstliche Sauce eignet sich als Dip zu Mais-Chips, aber auch zu Tortillas, zum Überbacken von Enchiladas oder Burritos und natürlich zum Überbacken von Nachos! Dafür einfach die Nachos mit der Sauce beträufeln und 5 Minuten überbacken.

KIMCHEESE

Wenn Sie Kimchi noch nicht kennen, dann laufen Sie jetzt Gefahr, nach diesem fermentierten koreanischen Gemüse süchtig zu werden und Sie werden die etwas verrückte Idee verstehen, einen Käse mit Kimchiaroma zuzubereiten. Wenn man Kimchi mag, möchte man ihn am liebsten überall dazugeben!

FÜR 6–8 PERSONEN

• 200 g Cashewkerne • 100 g neutrales Kokosöl • 1,5 EL Zitronensaft • ½ TL Knoblauchgranulat • ½ TL Zwiebelgranulat • 75 g abgetropfter Kimchi (siehe Seite 72) • 1 EL Kimchisaft • ½ TL Salz • 1 EL weißes Miso

Die Cashewkerne 4–12 Stunden in Wasser einweichen.
Das Kokosöl im Wasserbad schmelzen. Die Cashewkerne abgießen und mit den anderen Zutaten in einen Mixbecher geben. Einige Minuten mit dem Stabmixer pürieren.
Die Masse in eine oder mehrere Formen oder Dessertringe aus Metall füllen und vor dem Verzehr 6 Stunden kühl stellen.

FRISCHKÄSE MIT OLIVEN UND ROSMARIN

Dieser einfache Frischkäse aus wenigen Zutaten bringt einen Hauch Provence in Ihre Küche!

FÜR 2–4 PERSONEN

• 75 g Cashewkerne • 200 g Sojajoghurt • 1 EL Zitronensaft • ½ TL Salz • 40 g grüne Oliven, ohne Stein • Rosmarin nach Geschmack • Pfeffer

Die Cashewkerne 4–12 Stunden in Wasser einweichen, abgießen, dann mit dem Sojajoghurt pürieren. Zitronensaft und Salz zugeben, die Masse in ein feines, mit einem Seihtuch ausgelegtes Sieb schütten. Die Enden des Seihtuchs zusammenfassen und mit einem Band fixieren. Das Sieb auf einen großen Topf mit gleichem Durchmesser legen und die Masse 6–12 Stunden abtropfen lassen.
Den fertigen Käse in eine Schüssel geben und die gehackten Oliven sowie Rosmarin und Pfeffer nach Geschmack untermengen.

MEIN REZEPT FÜR KIMCHI AUS CHINAKOHL

FÜR 1 SCHÜSSEL/4–6 PERSONEN

• 1 Chinakohl • Meersalz • 1 Karotte • 1 Handvoll Radieschen • 2 Lauchzwiebeln/Jungzwiebeln/Frühlingszwiebeln • 2 Stangen Stangensellerie • 4 TL geriebener Ingwer • 2 große Knoblauchzehen • 2 EL Chilipaste • 4 EL Rohrzucker • 4 EL Tamari* • Quellwasser

Den Chinakohl der Länge nach in 4 Teile teilen, die Teile auf einen Teller legen, mit Meersalz bestreuen, das Salz gut zwischen den Blättern verteilen. Mit einem sauberen Geschirrtuch bedecken und 12–24 Stunden stehen lassen. Das Salz entzieht dem Chinakohl die Feuchtigkeit.

Die Chinakohlblätter mindestens dreimal unter fließendem Wasser abwaschen, um das überschüssige Salz abzuspülen, in dicke Streifen schneiden und in eine Schüssel geben. Das restliche Gemüse in dünne Streifen schneiden und zum Chinakohl dazugeben.

Ingwer, gehackten Knoblauch und Chilipaste zugeben und mit den Händen durchmischen (tragen Sie Einweghandschuhe, um unangenehmen Geruch und die Schärfe der Chilis an den Händen zu vermeiden). Zucker und Tamari zugeben, gut durchmischen, das Gemüse in ein großes Glas geben, etwas festdrücken und vollständig mit Quellwasser bedecken, sodass das Gemüse nicht mit Luft in Berührung kommt. Wählen Sie ein Glas, in dem keine Zwischenräume entstehen, um die Entwicklung unerwünschter Bakterien zu vermeiden. Das Glas locker mit dem Deckel verschließen.

Den Kimchi mindestens 3–4 Tage, aber höchstens 1 Woche fermentieren lassen. Danach eine Kostprobe nehmen. Das Gemüse sollte weich sein und säuerlich schmecken. Wenn sich ein seltsamer Geruch (z. B. Fäulnis) entwickelt, den Kimchi entsorgen. Kimchi riecht streng und stark nach Kraut, Knoblauch und Ingwer, aber nicht verdorben. Das Glas mit dem Kimchi kühl stellen. Achten Sie darauf, den Deckel gut luftdicht zu verschließen, damit kein Geruch nach außen dringt.
Nach dem Öffnen innerhalb von 2 Monaten verbrauchen.

* Tamari ist eine spezielle Sojasauce, die keinen oder nur geringe Mengen Weizen enthält und daher mitunter glutenfrei ist.